不到园林，怎知春色如许

高 玲 杨鑫蕊 等 著

中国园林博物馆中学生实践活动手册

本书为北京市教育科学“十三五”规划2016年度优先关注课题
“基础教育开放性实践课程实施策略与跟踪评价研究”研究成果，课题编号：CEDA16028

知识产权出版社
全国百佳图书出版单位
—北京—

图书在版编目（CIP）数据

不到园林，怎知春色如许 / 高玲等著. ——北京：知识产权出版社，2019.12
ISBN 978-7-5130-6573-3

Ⅰ.①不… Ⅱ.①高… Ⅲ.①活动课程—初中—教学参考资料
Ⅳ.①G632.3

中国版本图书馆CIP数据核字（2019）第251190号

责任编辑：卢媛媛　　　　责任印制：刘译文

不到园林，怎知春色如许
BUDAOYUANLIN，ZENZHI CHUNSE RUXU
高 玲 杨鑫蕊 等 著

出版发行：知识产权出版社有限责任公司　　网　址：http：// www. ipph. cn
　　　　　　　　　　　　　　　　　　　　　　　　http：//www. laichushu. com
电　话：010－82004826
社　址：北京市海淀区气象路50号院　　邮　编：100081
责编电话：010－82000860转8597　　责编邮箱：luyuanyuan@cnipr.com
发行电话：010－82000860转8101　　发行传真：010－82000893
印　刷：三河市国英印务有限公司　　经　销：各大网上书店、新华书店及相关专业书店
开　本：720mm×1000mm　1/16　　印　张：5.25
版　次：2019年12月第1版　　印　次：2019年12月第1次印刷
字　数：150千字　　定　价：58.00元
ISBN 978－7－5130－6573－3

前 / 言 PREFACE

2015年，为贯彻落实党的十八届三中全会精神，深化教育领域综合改革，北京市教委相继颁布了《北京市基础教育部分学科教学改进意见》《北京市落实教育部〈义务教育课程设置实验方案〉的课程计划（修订）》，发布了《关于启动初中开放性科学实践活动的通知》和《关于开展初中综合社会实践活动的通知》。"实践活动"成为关键词之一。市教委面向全市初中学生开展开放性科学实践活动和综合社会实践活动，鼓励学生走出课堂、走出校园，积极参与科学、社会实践，提倡在实践中学习，落实课程的三维目标。文件要求：实践活动课程要充分利用中小学生社会大课堂实践基地、高校、科研院所、博物馆、科技馆、展览馆等社会单位资源，支持区县、学校和社会资源单位合作开发，鼓励广大社会资源单位积极参与。

如何整合学校与社会单位的资源，如何解决学生走马观花、浅尝辄止式的实践，如何让校内外活动融会贯通，如何让学生有实实在在的获得感……这些都是值得研究的问题，尤其值得学校认真探索。基于此，北京景山学校远洋分校与中国园林博物馆合作开展了近三年的摸索与实践。

中国园林博物馆是我国第一座以园林为主题的国家级博物馆，于2013年5月开馆运行。园博馆作为公益性永久文化机构，是收藏园林历史文物、弘扬中国传统文化、展示园林艺术魅力、研究园林价值的国际园林文化中心。这里再现了悠久的中国园林发展史，有苏州畅园、岭南余荫山房等实景园林，有我国最大的室内植物生态墙，有国内最大也是荷载最重的空中庭园——片石山房……这是一个现代与经典相融合，人文、科学与艺术相融合的巨大宝库。更重要的是，这里有一个致力于科普推广、极富朝气与创新精神的宣传教育团队，可为学生提供多主题、多学科融合的实践机会。

三年来，馆校勠力同心，找到了博物馆资源与学校课程的契合点，合作开发与实践了各类开放性实践活动课：有的以园博馆固有的展览资源为出发点，如本书初识篇与探究实践篇的部分内容；有的将园博馆的特色活动做了适当铺垫与延伸，如秘密花园种植体验、“我是园林小讲师”活动等；有的则是以园林为主题的项目式学习实践活动，如制作观花手册项目等。

我们将精华结集出版，供初中学校以中国园林博物馆为基地开展学生实践活动使用。本书分为两个篇章：初识篇和探究实践篇。初识篇中三个任务单的活动对象为首次参观园博馆的学生，参观与园博馆体验活动相辅相成，可结合学校活动目的及学生兴趣选择其一使用，活动时长以半天或一天为宜。探究实践篇中的各个活动是将学校学科课程内容与园博馆的专业资源相结合而设计的，通过学生的亲身实践，利用馆内优质资源深化各学科所学，其中涉及语文、地理、历史、生物、物理、美术、劳技、信息技术等多学科，活动时长各异，教师在使用时可根据方案结合实际自行调节时长。

希望更多的学生能在在本书的导引下，走进中国园林博物馆，了解园林文化，体验园林魅力，也希望此书能够为类似的馆校合作课程的开发提供一些借鉴。本书的作者主要是学校一线教师，精力有限，疏漏之处在所难免，恳请各界同仁批评指正。

2019年7月

目录

CONTENTS

初识篇

探究实践篇

后记

初识篇

人类的理想家园

——走进中国园林博物馆

班级____________ 姓名_____________ 参观日期_____________

对于生活在北京的你来说，“园林”应该不是个陌生的词吧？你或许去过有着“万园之园”美称的圆明园，或许曾徜徉在红墙绿瓦的北海公园，又或许曾在江南体会过南方园林的别致精巧……所谓“知其然，知其所以然”，亲爱的你是否了解中国园林的发展历史，又是否了解园林设计师的独具匠心呢？就让我们跟随讲解员的步伐，一起去探索那些未知吧！

本次参观路线：大厅—中国古代园林厅—园林文化厅—世界名园博览厅—实景展园

活动准备：照相机、分组

体验活动：寄情园林之雕刻时光

走进园林博物馆（以下简称园博馆）的大厅，你是否发现了图中的宝贝？其名曰“青莲朵”，为园博馆的镇馆之宝，是圆明园长春园中茜园内的园林置石，至今已有800余年的观赏历史。

清初李渔云：“言山石之美者，俱在透、漏、瘦三字；此通于彼，彼通于此，若有路可行，所谓透也；石上有眼，四面玲珑，所谓漏也；壁立

当空，孤峙无倚，所谓瘦也。”（《闲情偶寄》）

请你仔细观察这块太湖石，聆听讲解，写下几个关键词以说明“青莲朵”之美！

中国古代园林厅

下面我们将进入第一个展厅：中国古代园林厅。

你将了解中国古代园林产生、发展到成熟的全过程。

请你聆听讲解员的讲解，完成下面的题目。

请将相关展品（或其涉及的相关事件）与其对应的年代连线：

隋朝	甲骨文中的“囿”和“圃”
汉代	金明池夺标图
清朝	兰亭修禊盛会与兰亭集序
奴隶社会	九成宫
唐朝	上林苑：规模最大的皇家园林
宋朝	寄畅园
西汉时期	辋川别业与履道坊宅院
西周时期	四象瓦当
东晋年间	承德避暑山庄
明朝	逨鼎

不到园林，
怎知春色如许

探究实践篇 附录

C O N T E N T S

目录

桃园笔墨寻芳踪

——楹联闯关趣味赛（参考答案）

活动一

楹 联 探 秘 路 线 图

1. 石不能言最可人

2. 丘壑在胸中看叠石疏泉，有天然画本；

   园林甲吴下愿携琴载酒，作人外清游

3. 快日晴窗闲试墨，寒泉古鼎自煮茶

4. 春秋多佳日，山水有清音

5. 余地三弓红雨足，荫天一角绿云深

6. 鸿爪为谁忙，忍抛故里园林，春花几度，秋花几度；

   蜗居容我寄，愿集名流笠屐，旧雨同来，今雨同来

7. 园中草木春无数，湖上山林画不如

8．宠梅念竹有风趣，剪水涿米无俗情

9．绿印苔痕留鹤篆，红流花韵爱莺簧

10．乔木拂窗连岭翠，澄波映槛接天光

11．几帧屏山全入镜，一篙春水恰胜船

12．寄兴于山亭水曲，得题在虚竹幽兰

13．湖上笠翁端推妙手，江头米老应是知音

14．寻常凡木最轻樗，今日寻樗桂不如

15．动静叶清音，知水仁山随所会

春风富佳日，凤歌鸾舞适其机

活动二

探索楹联中的书写之美

五大书法字体特点网络上虽有总结，但仍鼓励用自己的感受和文字表述出来。临摹一种书法字体的楹联交由语文书法老师联合展出一次学生作品，望所有同学认真书写，展示出自己的最好水平。

活动三

园林故事探秘

苏州畅园

畅园为苏州小型园林的典型，建于清末，园主姓潘。据《地方志》记载，畅园在养育巷庙堂巷22号副门。宅园面积4.14亩，其中花园2.12亩。里巷相传，此园系清代道台王某所建。清末民初王姓衰败，园内曾开设茶馆。约1918年为律师潘姓人士购得，修葺一新。1925年童寯《江南园林志》云："城中尚有小园，以畅园、壶园为最。"传其后潘姓人士去沪。花园在解放初出租于张姓、方姓人家入住照看。

片石山房

石涛是清代著名的山水画家，是明朝皇族楚王的后代，名朱若极。明亡后，为避清统治者的迫害，出家为僧，法号原济，别号苦瓜和尚、大涤子、零丁老人。亡国之痛使他寄情山水，毕生精力都致力于艺术，绘画擅长山水、竹石、梅兰、人物，书法也很妙。清康熙十二年（公元1673年）左右石涛第一次来扬州，寓居静慧寺。后又曾几度外出游历，但仍经常回扬州居住，直到康熙四十六年（公元1707年）去世。他在绘画上反对“泥古不化”，主张“法自我立”“笔墨当随时代”，对“扬州八怪”的形成具有很大影响，被称为“扬州八怪”的先驱。片石山房建于清乾隆年间，又名“双槐园”，相传出自石涛的手笔。

余荫山房

余荫山房始建于清同治六年（1867年），历时5年，于同治十年（1871年）竣工。山房故主邬彬，字燕天，是清朝举人，任刑部主事，咸丰五年（1855年），因“克襄王事”被咸丰皇帝诰授为通奉大夫，官至从二品。他的两个儿子也是举人，因而有“一门三举人，父子同登科”之说。咸丰八年（1858年）邬彬以母年迈为由，辞去官职，归隐乡里，一面全心料理家业，一面勤奋读书。同治六年（1867年），乡试中举，同年其族人将建造潜居邬公祠和善言邬公祠所剩下来面积约为三亩的土地赏给邬彬。邬彬便参考画师绘制的园林景观图纸和在京任职时获某贝勒王爷赠送的一幅水粉画，又借鉴了广州“海山仙馆”的造园技法，利用这块土地因地制宜地建造了余荫山房。经过五年时间，耗资白银三万两，于同治十年（1871年）落成。为纪念先祖的福荫，取“余荫”二字作为园名。

清风明月无尽藏

——苏州畅园品诗文（参考答案）

活 动 一

让 文 字 照 进 现 实

参考赏鉴：畅园高处筑亭平地临水筑亭；园内建筑均由一面是墙的单面直廊、曲廊、回廊、水廊相连。园内景物高低错落，正合了叶圣陶老先生文中所说："苏州园林可绝不讲究对称，好像故意避免似的。""苏州园林栽种和修剪树木也着眼在画意。高树与低树俯仰生姿。""游览苏州园林必然会注意到花墙和廊子。有墙壁隔着，有廊子界着，层次多了，景致就见得深了。浑然天成美自来。"

活 动 二

吟 诗 作 对

庭院深深深几许，杨柳堆烟，帘外无重幕。——北宋・欧阳修《蝶恋花》

曲径通幽处，禅房花木深。——唐代・常建《题破山寺后禅院》

人道我居城市里，我疑身在万山中。——元・维则《狮子林即景》

叠石疏泉不数旬，水芝开出似车轮。 石幢一夕桃花雨，便有红鱼跳绿苹。

……

提示：园中吟诵诗句，只要诗句中应和了园中某一处景物、某一种植物甚至某一种意境即可。

活动三

园林艺术探秘

提示：活动涉及多学科知识，需要多方查找资料。例如，传统文化中亭台楼阁的区分；借景、障景、对景、框景等园林造景方式；生物学科中涉及的植物特性，为什么可以用这些植物，美在哪里；美术学科中涉及的美学欣赏……

活动四

小小解说员

提示：一定要注意讲解和背诵的区别，鼓励再丰富讲解，且多方资源的补充可助你应对游客的不同问题。

浑然天成美自来

——自然地理环境与园林特色探究

（略）

名园深处觅古今

——园林特点与历史时代特征关系

探究教师版活动方案

活动目标

（1）通过参观古代园林厅，熟知中国古代园林的发展阶段和时代特征。选取具有代表性的园林，结合课内所学历史知识，探究该园林与历史背景之间的关系；

（2）通过参观近现代园林馆，探究其与古代园林的不同；

（3）通过对北京市著名园林的探究，感悟时代发展对园林发展的影响；

（4）通过对园林历史及文化的了解，培养热爱传统文化的情感、弘扬传统文化的意识，提高人文素养；

（5）通过小组分工合作研究，培养协作意识及规划能力。

活动方式

参观园博馆、查找资料、撰写汇报文章、板报制作、编演历史剧等。

活动准备

资料准备：《中国古代园林史》，中国建筑工业出版社；

《中国园林文化史》，上海人民出版社。

组织准备：（1）根据学生兴趣或者自由组成活动小组，推选小组负责人，负责联络组员、组织协调等工作；

（2）学校与园博馆宣教及研究人员联系，聘请其作为活动顾问，争取得到讲解及研究方面的指导。

活动过程及指导

主要阶段	活动内容	阶段目标	时间安排	指导教师
第一阶段：感性认知	参观中国古代园林厅，聆听讲解。按优势特长分组，制订活动计划	激发兴趣，了解中国古代园林的发展脉络	课外时间	馆方
	自主梳理中国古代园林的发展阶段和时代特征。编制鱼骨图	培养学生概括、归纳、整合信息的能力	1课时	校方
第二阶段：典型探究	园博园书吧、学校计算机房等地收集资料	培养学生利用多种媒介收集资料的能力	课外时间	校方、馆方
	小组讨论、筛选资料，确定要探究的典型园林	培养学生收集、整理信息的能力	课外时间	校方
	小组合作探究该典型园林与历史背景之间的关系	培养学生合作探究的能力	课外时间	校方
	小组编排迷你历史剧，以典型园林为中心，展现该园林所影射的历史背景。教师可参与指导	既培养学生思史、用史的能力，又锻炼学生语言表达、想象、创新能力	课外时间	校方
第三阶段：拓展探究	参观中国近现代园林厅，聆听讲解。	了解中国近现代园林的发展	课外时间	馆方
	小组合作探究近现代园林与古代园林的不同	培养学生合作探究的能力	课外时间	校方
	小组选取北京市某一处园林，探究其从古至今的发展变化。绘制小报	感悟历史的变迁、时代的进步	课外时间	校方
第四阶段	成果展示与交流		2课时	校方

活动评价（效果测评表）

活动评价包括过程性评价及最终成果评价，具体如下：

表一：小组历史剧展示评价

展示者组别：____________ 展示者姓名：____________

评价项目	评价等级			总体建议
	一般	良好	优秀	
内容凸显园林与历史背景的关系				
人物刻画生动形象				
音乐、道具等符合剧情				
编、导、演协作默契				

评价人：

表二：小组小报展示评价

展示者组别：____________ 展示者姓名：____________

评价项目	评价等级			总体建议
	一般	良好	优秀	
选取园林典型				
内容充实，涵盖园林从古至今发展变化				
图文结合、设计美观				

表三：小组整体评价

评价项目	自评等级			自评依据	教师评价
	一般	良好	优秀		
探究计划制订情况					
小组成员各尽其责					
交流研讨情况					
成果展示情况					
综合评价					

表四：小组成员个别评价

成员姓名	具体负责内容	完成情况（自评）	组内发挥作用情况（组评）

『我做园林小讲师』

教师版活动方案

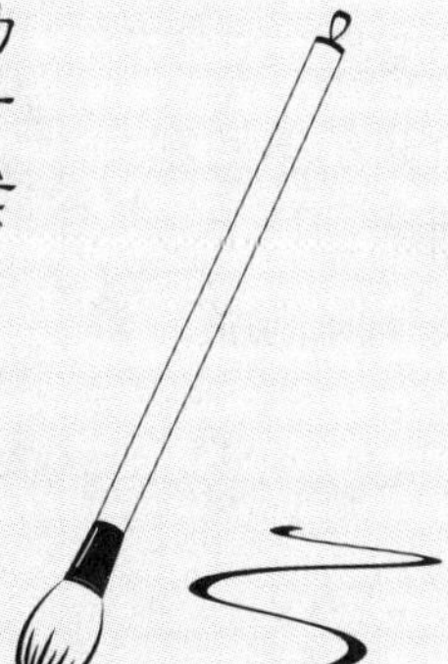

活动准备

资料准备：《中国古代园林史》，中国建筑工业出版社；《现代博物馆讲解艺术》，中西书局；《中国古典园林文化史》，清华大学出版社。

组织准备：（1）根据学生兴趣或者自由组成活动小组，推选小组负责人，负责联络组员、组织协调等工作；

（2）学校与园博馆宣教及研究人员联系，聘请其作为活动顾问，争取得到讲解及研究方面的指导。

计划学时：33课时。

活动过程及指导

实践模块	主要阶段	活动内容	阶段目标	时间安排	指导教师
园林小讲师培训	——	园博馆概览； 讲解员的基本要求与气息训练； 了解展厅陈列品，撰写讲解词； 园博馆讲解词演练； 考核	通过园博馆专业讲解员的培训与指导，了解讲解的基本要领，并能进行现场讲解	18课时	馆方
讲解词自拟研究	第一阶段：制订方案；确定选题	回顾古代园林厅讲解词，交流研讨； 按优势特长分组； 制订研究计划	激发兴趣，明确本次活动任务；培养学生自主构思、设计的能力	2课时	校方

续表

讲解词自拟研究	第一阶段：制订方案；确定选题	参观园林文化厅，聆听讲解，自行参观中国古代园林厅，在两个展厅中寻找选题，拍照并做记录	结合兴趣，初步确定选题	3课时	馆方
	第二阶段：实施研究	园博馆书吧、学校计算机房等地收集资料	培养学生利用多种媒介收集资料的能力	3课时	校方、馆方
		小组讨论、筛选资料，确定讲解要点	培养学生收集、整理信息的能力	1课时	校方
		聘请专家指导讲解提纲	培养学生悉心听取他人建议，不断反思改进的能力	2课时	馆方
		撰写讲解词，请老师指导修改	锻炼学生的语言应用能力	2课时	校方、馆方
	第三阶段：讲解展示	讲解实践，由园博馆专业讲师予以评价	培养学生大方、得体地进行口头表达的能力	2课时	馆方
		志愿服务实践：将研究成果讲给自己的家人、朋友甚至是馆内普通的观众	培养学生参与社会、服务社会的意识	课余时间	馆方、校方
		成果汇编	培养学生的归纳总结能力	课余时间	校方

『仿建植物生态墙』

教师版活动方案

活动准备

组织准备：（1）根据学生兴趣或者自由组成活动小组，推选小组负责人，负责联络组员、组织协调等工作；

（2）物理实验室定时开放，为学生研究提供场所。

活动过程及指导

主要阶段	活动内容	阶段目标	时间安排	指导教师
第一阶段：直观了解	参观园林博物馆，聆听讲解，明确生态墙的基本原理	直观了解生态墙，明确活动任务	3课时	馆方、校方
第二阶段：实施研究	小组讨论，根据馆方介绍及上网查阅所需资料，结合生态墙要放置的位置确定其大小及所需植物，根据需求确定墙体的框架结构及所需各种材料，初步确定方案	培养学生自主设计方案和查阅、整理信息的能力	1课时 课外时间	校方
	专业教师进行相关指导，完善研究方案。重点关注以下几个问题： 1. 灌溉上下水如何处理（水箱、定时开关） 2. 如何设计墙体的框架结构才能在上一步的基础上实现所有植物的灌溉（坡度、引流槽的设计） 3. 如何根据北京的天气特点及生态墙所放置的位置选择栽种的植物	学生学习在项目设计过程中将项目进行分解，各个解决的方法；培养学生进行悉心听取他人建议，不断反思改进的能力	1课时	校方

续表

第二阶段：实施研究	利用电脑软件设计出效果图；根据方案确定所需材料的类别和数目，上网查阅、比较报价，做出项目预算；进行材料的采买	学生发挥各自的特长，分工协作，锻炼预算及基本生活能力	课外时间	校方
	搭建生态墙	培养学生的动手能力和协作能力；制作过程中不断发现问题，进行反思、改进的能力	4课时 课外时间	校方
	评估、交流、总结。对成品的效果进行验证评估和改进；组员互相交流项目中的成功经验、失败教训，对整个项目进行内部总结	培养学生评估、交流、反思、总结的能力；体验科学探究的各个环节	1课时	校方
第三阶段：展示	展示成品，对原理、仿建过程、经验进行讲解汇报	培养逻辑思维能力和口头表达能力	2课时	校方

活动评价（效果测评表）：

活动评价包括过程性评价及最终成果评价，具体如下。

表一：成品展示评价

展示者组别：__________ 展示者姓名：__________

评价项目	评价等级			总体建议
	一般	良好	优秀	
展品外观				
展品功能				
展品设计创新				
讲解与展品契合度				

评价人：__________

表二：小组整体评价

评价项目	自评等级			自评依据	教师评价
	一般	良好	优秀		
研究计划制订情况					
小组成员各尽其责					
交流研讨情况					
成果展示情况					
综合评价					

表三：小组成员个别评价

成员姓名	具体负责内容	完成情况（自评）	组内发挥作用情况（组评）

『秘密花园种植体验』

教师版活动方案

活动准备

资料准备：园林栽培所需植物名录，百度百科，中国植物志等主要网站。

组织准备：（1）根据学生兴趣或者自由组成活动小组，推选小组负责人，负责联络组员、组织协调等工作；

（2）学校与园博馆宣教及专业人员联系，聘请其作为活动顾问，并请专业人员介绍植物，指导移栽方法。

活动过程及指导

主要阶段	活动内容	阶段目标	时间安排	指导教师
第一阶段：植物资料查询；PPT展示	说明活动内容； 自由分组； 出示本次“秘密花园”种植活动中涉及的植物名录，小组抽选一种植物； 查阅所选植物及移栽注意事项资料	激发兴趣，明确本次活动任务； 培养学生提取信息的能力	1课时需利用课外时间	校方
	PPT分享所查植物及移栽注意事项	提高学生语言表达能力和交流能力	1课时需利用课外时间	校方
第二阶段：开展活动	辨识植物比赛； 工作人员讲解植物	激发兴趣，丰富活动形式，提高学生的图文转换能力	1课时	校方、馆方
	了解园林攀缘植物	了解植物的多样性	0.5课时	馆方

续表

第二阶段：开展活动	讲解移栽植物的方法及注意事项	为后续移栽做理论准备	0.5课时	馆方
	设计种植方案，移栽植物体验	提高学生理论联系实际的能力，体验营造园林的快乐，培养学生参与社会、服务社会的意识	1课时	馆方
第三阶段：反思提高持续关注	完成学习任务单	提高学生梳理知识的能力、反思能力	1课时	馆方
	关注“秘密花园”植物的生长情况	培养学生热爱自然的情感		馆方、校方

活动评价（效果测评表）

活动评价包括过程性评价及最终成果评价（见附件学习任务单），具体如下：

组别	第一组	第二组	第三组	第四组
猜对数量				
排名				

续表

植物名	讲解人	正确数	排名
香雪球			
爬山虎			
直立天竺葵			
蔓生天竺葵			
舞春花			
天人菊			
八宝景天			
矾根			
荆芥			
轮叶金鸡菊			
鸢尾			
萱草			
宿根福禄考			

注：每次活动植物可能会有变化，具体需咨询馆方

『感受园林艺术、玩转园林版画』

教师版活动方案及任务单（参考答案）

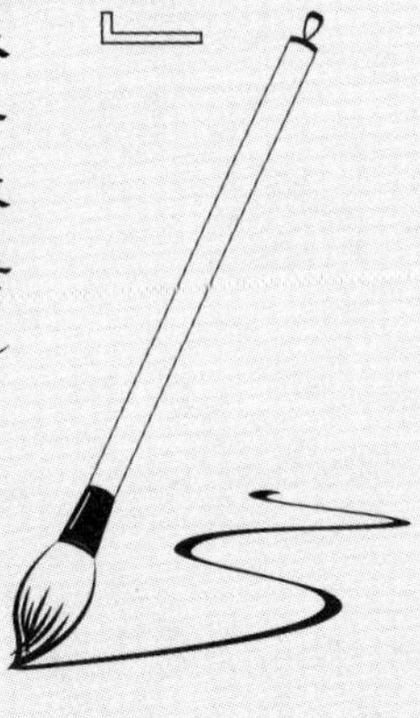

教师版活动方案：

活动过程及操作步骤

1. 园林资料查询；PPT展示

查阅中国园林博物馆中的主体建筑、室内展园、室外展区的经典图片及园林的相关资料，以PPT的形式分享所查园林的相关资料；自由组成小组，并且推选出组长，由组长负责联络组员、组织协调等工作。

2. 参观中国园林博物馆；绘制草图

参观中国园林博物馆，感悟园林美学，体会园林的艺术魅力；利用携带的网络工具对实践过程中观赏的园林建筑加以分析，并完成学习任务单（最后一项为绘制草图）。

3. 园林版画的制作

（1）具体实施时侧重点：根据学生喜好和所擅长的图案，自主选择相应的版画底稿，进行实践操作；创作实践以欣赏观察、思考探究、动手实践相结合；成果为实践的园林版画作品。

（2）操作步骤：

活动阶段	活动内容	阶段目标	时间安排
第一阶段：欣赏探究	欣赏PPT及教材中的优秀黑白装饰画，梳理黑白装饰画的知识点，了解如何运用点、线、面表现黑、白、灰关系	感受黑白搭配的独特魅力，激发学习兴趣，解决黑白装饰画的重难点，为后面的创作奠定知识基础	40分钟
	拓展不同类型的版画，如铜版画、木版画、石膏版画及学生现阶段有能力创作的橡皮章版画等	通过版画的多种艺术形式，感受黑白装饰画的意境	

续表

第一阶段：欣赏探究	出示示范图：教师课前创作的园林木版画（图1、图2）  图1 园林木版画原版  图2 印制后的效果	通过范例，学习使用点、线、面雕刻园林景物及体现出画面的整体层次感； 实物版画能更好地刺激学生的视觉感官，激发学习兴趣	40分钟
	仔细观察课前学生搜集和拍摄的园林景物图片，分析如何运用点、线、面创作园林景物的黑、白、灰，从而表现出园林的远近、虚实关系	熟悉黑白装饰画的表现语言，体会黑白灰层次处理对画面效果形成的影响。培养学生自主探究的能力	
第二阶段：实践操作	准备底稿，底稿分为两类： 第一类，教师提供的激光打印底稿。因为激光打印的底稿转印时会更加省时、清晰。较为复杂的图片也可以运用绘图软件进行滤镜处理并分成多个部分，每位学生创作其中一部分，最后拼成一幅作品。切分图片时可以使用绘图软件，如Photoshop的切片工具。 第二类，学生绘制的园林草图	任务难易分层，照顾到不同水平的学生	小组分工协作，预计3～5小时

续表

第二阶段： 实践操作	分析底稿和草图图案，让小组成员根据喜好及能力自由领取任务。 第一组底稿：苏州畅园； 底稿处理步骤： 步骤1 摄影图片  步骤2 Photoshop滤镜处理  步骤3 利用Photoshop切片工具分成9份 第二组底稿：重环纹半瓦当； 第三组底稿：学生绘制的园林草图	自由选择，激发创作的愿望，培养学生团结协作的能力	小组分工协作，预计3～5小时

续表

第二阶段：实践操作	组内探究创作实践细节；备齐橡皮章版画材料，成员分别创作相应部分；教师巡视指导。小组及时清理垃圾，保持班内卫生	锻炼和培养在创作实践中不断反思不足、总结经验的能力。 养成良好的卫生习惯	小组分工协作，预计3～5小时
第三阶段：印刷	根据每组学生园林图案的风格特点，分配不同颜色的纸张	锻炼动手能力，培养细心、耐心的行为习惯；培养在实践中总结经验的能力	师生合作，预计2小时左右
	在光滑瓷砖上面挤上黑色油墨，用油滚在黑色油墨上来回滚动，使油墨均匀地粘于油滚上，接下来在版上均匀滚墨		
	把纸对准版面，按上去，随后用木蘑菇来回磨压，完成拓印		
	拓印完毕后，先掀起一角看一看。如果没有印实，可以局部补上油墨，继续磨压		
第四阶段：展示评价	各小组成员把印制的作品拼在一起，完成最终的园林版画。欣赏各组版画成品，进行自评和互评，教师评价	培养学生自评、互评的能力，体会创作成功的喜悦	预计1.5小时

活动准备

园林版画制作材料：

制作阶段	序号	材料名称
转印材料	1	激光打印底稿——瓦当、苏州畅园、岭南余荫山房（张数根据小组人数发放）
	2	草图
	3	硫酸纸
	4	HB铅笔
	5	雕刻用橡皮砖
	6	转印水（洗甲水）
雕刻材料	1	刻刀（笔刀、圆刀、角刀、平刀）
印制材料	1	黑色油墨
	2	油滚
	3	光滑瓷砖
	4	白色素描纸、彩纸
	5	木蘑菇

活动评价方式

1. 过程性评价

（1）能否按要求在课前搜集和拍摄园林景物图片，并带到课堂上与大家分享。

（2）能否对课堂问题自主探究并得出合理答案。

（3）学生是否能领会、理解课程的核心内容。

2. 学生作品成果

（1）学生的作品是否能运用点、线、面体现园林景物的黑、白、灰层次，并且能够表现出园林远近、虚实的关系。

（2）学生作业的完成度及能力表现。

附：“黑白装饰画——玩转园林版画活动”学生任务单（参考答案）

1. 上图中物品的名称是瓦当，俗称瓦头,是中国古代建筑上屋檐最前端的一片瓦，也叫滴水檐 。

2. 你能列举出至少三种中国古典园林的造景手法吗?

中国古典园林常见的造景手法可归纳为借景、对景、框景、漏景、障景等。

借景是将园外景象引入并与园内景象相叠合的造园手法。

对景是主客体之间通过轴线确定视线关系的造园手法。对景有很强的制约性，易于产生秩序、严肃和崇高的感觉。

框景是有意识地设置框洞式结构，并引导观者在特定位置通过框洞赏景的造景手法。

漏景又称泄景，一般指透过虚隔物而看到的景象。利用漏景来促成空间的空灵与渗透是中国园林造园的重要手法之一。

障景是在游路或观赏景点上设置山石、照壁和花木等，挡住视线，从而引导游人改变游览方向的造景手法。

3. 相信园林艺术的魅力已经深深吸引了你，请选择一处你感兴趣的角落，尝试画一画吧！

参考中国古典园林的造景手法，做到构图生动有趣，细节处理恰当。

可以将你刚刚创作的画作为后期创作版画的草图。

『品造园技艺　建园林模型』

教师版活动方案及任务单（参考答案）

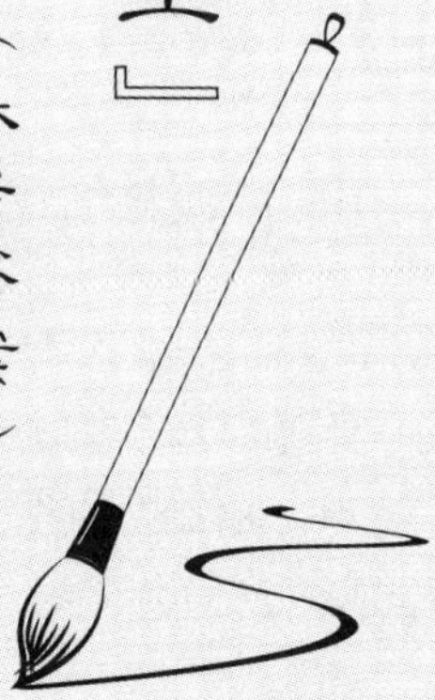

教师版活动方案

1. 操作步骤

活动阶段	活动内容	阶段目标	时间安排
第一阶段：探究分析	以4~6人为单位，每小组一套亭模型。首先自主梳理并熟知本组模型套盒中的所有材料，预先做好知识铺垫	激发兴趣，了解模型套盒中材料，熟知并学习如何运用	预计30分钟
	小组分析并讨论设计图纸，制订活动计划	培养学生自主探究的能力	
第二阶段：实践操作	小组按人员的优势特长分工，明确制作要点，探究每部分之间的组合、穿插、粘贴等关系。做好一定标注	培养学生收集信息、合作探究的能力。养成良好的学习习惯	小组合作，预计6～8小时
	小组讨论制作细节，并制作相应部分。小组及时清理垃圾，保持班内卫生。教师参与指导	培养学生动手制作、逻辑思维、团结合作能力。提高环保意识	
	根据亭的造型，用丙烯颜料细致上色	深化学生关注细节、专心、耐心等良好品质	
第三阶段：沙盘制作	根据每组学生的亭作品，按亭的不同造型、功能等特点、植物特点等进行位置选择，画园林设计图	锻炼学生的逻辑思维、科学规划能力，培养学生联想创新、合作探究等综合实践能力	师生合作，预计5个小时
	思考沙盘如何制作，梳理归纳每一步骤的制作细节，完善古代园林的沙盘制作（沙盘底托、地表层的制作、亭的位置、微景观装饰物的选择等）		
第四阶段：展示评价	成果展示与交流，自评、他评，教师评价	培养学生自我评价等能力	预计0.5～1小时

2. 园林模型制作材料

制作阶段	序号	材料名称
亭模型材料	1	模型——濠濮亭、绣绮亭、荷风四面亭、绿漪亭（套数根据班级人数确定）
	2	古建筑模型工具包（垫板、笔刀、专用磨具、砂纸、美纹胶带、502、木工胶、模型锯、颜料、调色盘、美术平头刷、镊子）
沙盘材料	1	60cm × 90cm × 1.9cm画板（沙盘基座）
	2	高强度模型石膏粉
	3	高密度泡沫板60cm × 50cm × 2cm、30cm × 20cm × 5cm、20cm × 20cm × 4cm
	4	山体塑形布网
	5	白乳胶
	6	水景膏
	7	电磨
	8	模型沙盘草粉（不同颜色）
	9	场景制作模型树、摆件、配景材料等

3. 活动评价方式

（1）作品的完成度：在学习、制作的期间是否完成所讲授及布置的基础任务，其中包括园林的设计图，亭建筑结构及铺色、绿植、道路、湖泊等。

（2）作品的精细度：随机抽取两个元件进行观察，检验细节是否制作到位，是否按照老师所教授的方法进行制作。

（3）作品的创新性：从整体、细节两方面进行评价，是否在原有基础上有所创新，拥有自己的想法并予以实现。从园林布局的各个角度进行欣赏、互评或他评。

（4）制作过程：评价制作顺序是否正确，工具使用是否正确，小组分工是否合理，注意组内卫生、工具摆放位置等，进行反思并点评。

初识“亭”学习任务单（参考答案）

亭名称	按角（平面）分类	按形体（立面）分类	顶部结构	该亭特点、寓意	在沙盘中的位置
濠濮亭	四角方亭	方亭	歇山顶	濠，即濠上；濮，水名。古人观鱼之地。	近池边可观鱼
绣绮亭	四角方亭	长方亭	歇山顶	小亭倚着百年枫杨，此三面开敞。南可近望枇杷园之晚翠，西可远眺远香堂之红裳，北可俯看大荷花池之沧浪	处于中间较好，面观三景
荷风四面亭	六角亭	多角亭	攒尖顶	位于拙政园的一片荷花塘中央，是一座典型的江南园林六角亭	处于绝佳位置，可观任何景象
绿漪亭	四角亭	方亭	攒尖顶	位于拙政园东北角。诗经曰“绿竹漪漪”，此处有水、有竹、有鱼，故名。使人想起水乡路旁的休息小亭，隔绝繁华	位于角落，可观水，有小径通幽处之感

『观花手册』项目

教师版活动方案

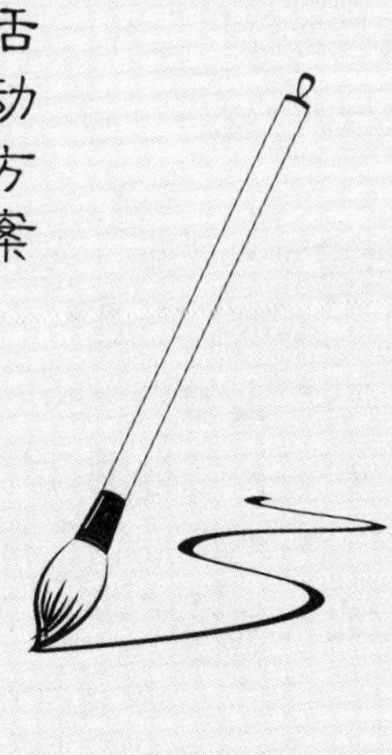

教师版活动方案：

活动方式

前期教师带领学生完成铺垫课，设计构想完成《观花手册》的内容，了解植物的基本结构。在此基础上，现场实地考察，近距离观赏植物，了解园博馆环境。返校后，小组合作，制作完成《观花手册》。

活动准备

资料准备：开花植物图鉴，其他公园手册等。

组织准备：前期到园博馆踩点，判断开花情况，联络馆方商定参观事宜。

活动过程及指导

主要阶段	活动内容	阶段目标	时间安排	指导教师
铺垫课	1. 宣布项目成果，请学生思考一份《观花手册》应该包含哪些内容。小组讨论三分钟，之后接龙式发言，教师板书在黑板上； 2. 追问学生：如果《观花手册》散发的受众不一样，这份《观花手册》的内容会有细微的变化吗？比如小学生？中学生？植物学爱好者？想拍网红风照片的网友？老年人？小组抽签选择不同受众，合作完成《观花手册》设计计划书； 3. 生物老师带领学生学习开花植物的结构，辨别几种春季常见开花植物	初步拟定手册制作计划，了解植物特征	2课时	校内
现场实践	学生前期分工，决定到现场每个人的任务是什么，在现场实践环节完成各自的任务。此外，生物教师可根据具体情况带学生识别场域里的重点开花植物	识别植物，为后续任务铺垫	半天	校内、馆方
手册制作与展示	小组合作完成手册。之后，教师组织学生交流展示	展示交流	3课时	校内

活动评价

活动主要通过自评、互评两种形式展开。自评主要侧重合作情况的评价，互评则侧重手册成品的完成质量。

自评表

分数1～5，越高则表现越好	1	2	3	4	5
我们能有效分工，人人有事做					
出现争议时我们能理性沟通、高效解决					
我们能够互相帮助，助力作品质量提升					
我们的合作气氛融洽					

互评表

分数1～5，越高则表现越好	1	2	3	4	5
手册中的信息准确，没有错误					
手册图文并茂，美观大方					
手册对于某类受众针对性强					
手册中提供了足够的信息，对游客有所帮助					

中国园林文化厅

中国古代园林在长期发展过程中，与建筑、雕塑、园艺、文学、绘画等众多相关艺术相互吸收、共同发展。中国园林与哪些艺术形式相得益彰、受其影响呢？

请参观中国园林文化厅，填一填你找到的佐证吧。

园林与中国传统思想：______________________________

____

园林与文学：______________________________

____

园林与绘画：______________________________

____

世界名园博览厅

园林并非我国独有，其他国家也有他们自己的园林景观。

他们的园林与我们的有何不同呢？

请你聆听讲解员的讲解，完成下面的题目。

写出以下四处名胜分别位于哪个国家的哪个地区：

凡尔赛宫	枯山水庭院	泰姬陵	中央公园

请从以上四处名胜中任选其一，写一写它有何特别之处：

苏州畅园
岭南余荫山房
扬州片石山房

纸上谈兵不如亲眼所见。在园博馆里，这三处室内园林实景是否带给你一些震撼？请你自行参观，在这三处园林景观中拍摄照片。

请选出你最喜欢的一张贴在下面的方框内，并为这张图片起一个名字，写一段描述性文字（可化用古诗词）。

（贴照片处）

照片描述：

各位同学：

我们今天的参观到此告一段落，相信你一定收获了很多新知识。这张小小的学案显然不能面面俱到，你还学到了哪些有趣的知识想和大家分享？还有哪些事情你还疑惑不解？请你记在下面。

本活动涉及学科：历史、语文、美术

本活动设计者：高玲、梁辰

师法自然　巧夺天工

——专访中国造园技艺厅

班级＿＿＿＿＿＿ 姓名＿＿＿＿＿＿ 参观日期＿＿＿＿＿＿

在中国古代数千年的造园实践中，逐渐形成了独具特色的造园思想和造园技艺。古代工匠以巧夺天工的手法，将山形水系、花草树木、堤岛路桥、亭台楼阁等静物巧妙组合，塑造出诗情画意、情景交融的立体画卷。今天，让我们一同走进园博馆造园技艺厅，去领略古代工匠那精湛的造园技艺和“师法自然”的中国智慧。

本次参观路线：大厅— 中国古代园林厅— 园林文化厅— 世界名园博览厅— 实景展园

活动准备：照相机、分组

体验活动：匠心营造之梁枋丹青

【找一找】

1. 园林是＿＿＿＿＿的艺术，通过各种要素＿＿＿＿＿分隔＿＿＿＿＿，产生了不同的＿＿＿＿＿＿＿＿＿和＿＿＿＿＿＿＿＿＿。

2. 我国的园林大体可分为三种不同风格，它们分别是：

北方园林，如＿＿＿＿＿＿＿＿＿＿＿＿＿＿＿＿＿＿＿＿（至少写出两个）；

__________园林，如________________________________（至少写出两个）；

__________园林，如________________________________（至少写出两个）。

3. 园林的布局形式通常分为两大类型，请用连线的方式进行分类。

突出式布局 **集锦式布局**

北海公园

圆明园

万寿阁

网师园

慈寿塔

4. 下面三幅图展示了三种造景技法，请试着填一填。

__________ __________ __________

__________ __________ __________

【赏一赏】

1. 设计手法：

颐和园——玉泉山

避暑山庄——磬锤峰

拙政园——北寺塔

这些园林均采用了________________（一种设计手法）使园内景观与园外景致融为一体，拓展了园林观赏空间。这样做的好处是________________

____

你能结合图片，谈一谈园博馆是如何将园内景观与园外景致有机结合起来的吗？

2. 选择一个你感兴趣的版块，拍好照片，查阅相关资料，认真回答以下问题：假如你是讲解员，你将如何介绍这一版块的内容？请将你的解说词写下来，结合照片为同学们做讲解。

本活动涉及学科：美术、语文

本活动设计者：任　超　袁立新

人道我居城市里　我疑身在万山中

——漫步实景展园

班级____________　姓名_____________　参观日期_____________

身在北京的你，或许更多地感受过颐和园、北海公园等皇家园林的磅礴气势，而中国园林博物馆则巧妙地将江南颇具代表性的文人园林真实地再现在人们眼前。不用去江南，也可领略到南方私家园林的魅力。苏州畅园的精致，岭南余荫山房的文气和扬州片石山房的山水情怀，无不给观者带来心灵的慰藉。

本次参观路线：畅园——余荫山房——片石山房——半亩轩榭——塔影别苑

活动准备：照相机、分组

体验活动：寄情园林之非遗插花

本次活动请完成如下任务。

个人任务一：请跟随讲解员漫步于园博馆的各实景展园，仔细聆听讲解，并用相机记录下你所发现的园林之美。回来后，将你的照片进行分类筛选，选取一个园林要素，如山、水、建筑、花木、园林小品，利用你所熟悉的图像处理软件完成一幅拼图作品，并给它命名。

（作品粘贴处）

个人任务二：亲手体验插花艺术，用心感受整个过程。

（插花作品照片粘贴处）

微写作之片段描写：请从以下题目中任选一题完成。字数为200字左右。

1. 选取你插花过程中的某一片段，运用多种描写手法，将该片段记录下来。

2. 你的插花作品想要送给谁？将这份惊喜带给他（她）吧。你会设计选用什么样的方式送给他（她）呢？他（她）看到这个作品时有何反应呢？仔细观察，用一段文字描绘这个过程。

学生插花体验

小组任务：为了方便游客直观地了解园博馆实景展园的相关信息，工作人员拟设计一块实景展园信息牌，在信息牌上标示出各展园的特色，及其在我国行政区划图中具体的地理位置。三人为一小组，请你以小组为单位，与其他组员一起共同设计完成这块实景展园信息牌。

具体要求：图文并茂，特点明晰，文字精练。

（作品粘贴处）

插花后喜笑颜开

本活动涉及学科：语文、信息技术、地理

本活动设计者：高玲、陈冉冉

探究实践篇

桃园笔墨寻芳踪

——楹联闯关趣味赛

班级____________ 姓名____________ 参观日期____________

楹联，是我国文学艺术中的一朵奇葩，它孕育于我国古典文学和民族文化的肥沃土壤，融合诗、词、曲、赋等众多文体的优秀基因于一体，成为对仗文学的最高表现形式。中国园林博物馆中的楹联随处可见，而且楹联既是一种园林的装饰点缀之物，又与园林的历史背景、园林特色、人物故事、风土习俗等有着密切的联系。今天，就让我们一同走进园博馆，去领略那既精巧又深奥的楹联文化吧！

活动一：楹联探秘路线图

楹联是随着骈文和律诗的发展逐渐成熟起来的一种独立的文学形式，讲究骈俪对仗，音调铿锵，节奏优美，融散文气势与韵文的节奏于一体，深衷浅貌，意蕴深远。园林中，有园主和文人即兴即景自撰联和撷古人诗文名句的集联，也有移花接木之联。中国园林博物馆的楹联遍布全馆，让我们以“楹联”为线索，勾画出属于我们的路线图吧！

一、在园博馆中，有位同学找到了很多喜欢的楹联，并记录下来。可由于保管不利，记录下来的楹联被水浸泡，有很多字迹已经不清了。下面就要靠你来帮忙，找回遗失的字迹啦！

1. 花若解笑还多事，________ 最可人。

2. ________ 看叠石疏泉，有天然画本；园林甲吴下 ________，作人外清游。

3. 快日晴窗 ________，寒泉古鼎 ________。

4. 春秋 ________，________ 有清音。

5. 余地三弓 ________，________ 绿云深。

6. ________，忍抛故里园林，春花几度，秋花几度；

蜗居容我寄，愿集名流笠屐，________，________。

7. ________ 春无数，湖上山林 ________。

8. 宠梅念竹 ________，________ 无俗情。

9. 绿印苔痕 ________，红流花韵 ________。

10. 乔木拂窗 ________，________ 接天光。

11. 几帧屏山 ________，________ 恰胜船。

12. 寄兴于 ________，________ 虚竹幽兰。

13. 湖上笠翁端推妙手，________。

14. 寻常 ________，今日 ________。

15. 动静叶清音，知水仁山随所会，________。

我在本关中，积累了 ________ 分。

二、在整个探秘的过程中，你都找到了哪些参照点？（可具体到某一具体的匾额）画出你的行动路线图。（如果你能加入图画与色彩的修饰就更好了！）可以拿给你的语文老师打分，满分为5分。

我在本关中，积累了______________分。

活动二：探索楹联中的书写之美

园林中的匾额与楹联不仅文字隽永，而且书法美妙，篆、隶、楷、行、草，诸体皆备。行走在中国园林博物馆中，品赏楹联、匾额的文字与书法之美，是一种极高的享受。

一、行前准备。查找资料，总结几种书法字体的特点，并找到相应示例。示例可以自己书写，也可以用图片辅助。请你的语文老师或书法老师帮你评分，凡是体例特点与示例呼应，且写得准确合理的，每一种书法字体都可以为自己累积1分。

书体	体例特点	示例
楷书		
隶书		
行书		
草书		
篆书		

我在本关中，积累了______________分。

二、请你在收集整理的园博馆楹联图片中阅览，试着将这些楹联归类。判断它们是哪一种书法字体，并找你的书法老师核实。看看你都对了几个，每对一个，你将得到1分。

我在本关中，积累了______________分。

三、历代书法名家都有着持之以恒、勤学苦练的毅力，这样才能在书写时得心应手。你有兴趣尝试一下吗？请选择你最喜欢的一副楹联作品，持续临摹一周，将你的练习心得与体会在课上与同学们分享，看看有多少同学为你点赞。每一位同学的点赞，都将为你积累1分哦！

我选择了__________________________________（楹联），在临摹的过程中，我体会到了____

____

____

____

____

____

我在本关中，积累了______________分。

活动三：园林故事探秘

在看过很多个园林，听过园主人的众多故事后，有位同学曾感慨：“一片园林，应有一段故事；一树桃花，倾注万古真情。园林的主人是爱园林的：毋庸置疑，因为情感在，将同这林子一起感受世事更迭，人生起伏。文人的心灵尤为敏感，这就需要幽静的环境来慰藉，画之造之，修复创伤的迫切渴望，是建造园林的主要动力。然而渴望不是欲望，这种渴望又因为心灰意冷，或愿归盘古，而淡泊了。”

那些留在园中的一草一木、一字一文都蕴含着园主人的情感，尤其是文字的力量，穿越千古，向我们缓缓走来。

一、行前准备。你知道中国园林博物馆中的三所室内馆是仿建了三处著名园林吗？现实中，它们在哪里，由谁建造？它们有着怎样的故事，这馆内的楹联又有着怎样的情感传递？快快搜集一下，看看仿建的三大馆都撷取了真实园林的哪些重要特征吧！（只要在行前你能查找到三座园林背后的故事，并找到真实园林中的一些楹联，就能积累3分。）

苏州畅园

片石山房

余荫山房

我在本关中，积累了＿＿＿＿＿＿＿＿分。

二、以“楹联”为线索，请你来找一找，三个园林中，你认为最能呈现出园主人对在这座园林中生活的情感与期望的是哪一副楹联？为什么？中国园林博物馆这三座仿建的园林与楹联描绘的意境相近吗？你能举例说说为什么吗？

最具代表性的楹联	楹联蕴含的情感与期望	仿建园林与楹联所展示出的意境是否贴合

我在本关中，积累了____________分。

在本次闯关活动中，你在园林中看到了很多楹联。那么你认为楹联与园林是什么关系呢？园林中可以没有楹联吗？楹联的作用是什么？

我的感受____

____

____

在本次闯关活动中，我一共积累了____________分。

注：参考答案见附录

本活动主要涉及学科：语文、书法

本活动设计者：杨鑫蕊　袁立新

清风明月无尽藏

——苏州畅园品诗文

班级____________ 姓名_____________ 参观日期_____________

苏州园林是集宋、元、明、清四朝的园林群，为中国南方私家园林的代表，也是中国文人写意山水园的典型代表，有“江南园林甲天下，苏州园林甲江南”之盛誉。叶圣陶先生笔下的《苏州园林》，将园林的精妙景致写得淋漓尽致，美不胜收，其中蕴含的园林布设巧思与文字中的丝丝情感都让读者动容。今天，就让我们一同走进园博馆中的苏州畅园，去感受文字照进现实的魔力，在美丽的园林景致中吟诗作对！

活动一：让文字照进现实

叶圣陶先生在《苏州园林》中写到：“……我觉得苏州园林是我国各地园林的标本，各地园林或多或少受到苏州园林的影响。因此，谁如果要鉴赏我国的园林，苏州园林就不该错过……”中国园林博物馆中就有一座仿建而成的室内展园——苏州畅园。亲身走进苏州园林，在这里，比对叶圣陶先生这篇《苏州园林》，你找到了哪些文字映射到现实的细节之处呢？

一、行前阅读材料。

设计者和匠师们因地制宜，自出心裁，修建成功的园林当然各个不同。可是苏州各个园林在不同之中有个共同点，似乎设计者和匠师们一致追求的是:务必使游览者无论站在哪个点上，眼前总是一幅完美的图画。为了达到这个目的，他们讲究亭台轩榭的布局，讲究假山池沼的配合，讲究花草树木的映衬，讲究近景远景的层次。总之，一切都要为构成完美的图画而存在，决不容许有欠美伤美的败笔。他们唯愿游览者得到“如在画图中”的美感，而他们的成绩实现了他们的愿望，游览者来到园里，没有一个不心里想着口头说着“如在画图中”的。

我国的建筑，从古代的宫殿到近代的一般住房，绝大部分是对称的，左边怎么样，右边也怎么样。苏州园林可绝不讲究对称，好像故意避免似的。东边有了一个亭子或者一道回廊，西边决不会来一个同样的亭子或者一道同样的回廊。这是为什么？我想，用图画来比方，对称的建筑是图案画，不是美术画，而园林是美术画，美术画要求自然之趣，是不讲究对称的。

苏州园林里都有假山和池沼。假山的堆叠，可以说是一项艺术而不仅是技术。或者是重峦叠嶂，或者是几座小山配合着竹子花木，全在乎设计者和匠师们生平多阅历，胸中有丘壑，才能使游览者攀登的时候忘却苏州城市，只觉得身在山间。至于池沼，大多引用活水。有些园林池沼宽敞，就把池沼作为全园的中心，其他景物配合着布置。水面假如成河道模样，往往安排桥梁。假如安排两座以上的桥梁，那就一座一个样，决不雷同。池沼或河道的边沿很少砌齐整的石岸，总是高低屈曲任其自然。还在那儿布置几块玲珑的石头，或者种些花草:这也是为了取得从各个角度看都成一幅画的效果。池沼里养着金鱼或各色鲤鱼，夏秋季节荷花或睡莲开放，游览者看“鱼戏莲叶间”，又是入画的一景。

苏州园林栽种和修剪树木也着眼在画意。高树与低树俯仰生姿。落叶树与常绿树相间，花时不同的多种花树相间，这就一年四季不感到寂寞。没有修剪得像宝塔那样的松柏，没有阅兵式似的道旁树：因为依据中国画的审美观点看，这是不足取的。有几个园里有古老的藤萝，盘曲嶙峋的枝干就是一幅好画。开花的时候满眼的珠光宝气，使游览者感到无限的繁华和欢悦，可是没法说出来。

游览苏州园林必然会注意到花墙和廊子。有墙壁隔着，有廊子界着，层次多了，景致就见得深了。可是墙壁上有砖砌的各式镂空图案，廊子是两边无所依傍的，实际是隔而不隔，界而未界，因而更增加了景致的深度。有几个园林还在适当的位置装上一面大镜子，层次就更多了，几乎可以说把整个园林翻了一番。

游览者必然也不会忽略另外一点，就是苏州园林在每一个角落都注意图画美。阶砌旁边栽几丛书带草，墙上蔓延着爬山虎或者蔷薇木香。如果开窗正对着白色墙壁，太单调了，给补上几竿竹子或几棵芭蕉。诸如此类，无非要游览者即使就极小范围的局部看，也能得到美的享受。

苏州园林里的门和窗，图案设计和雕镂琢磨功夫都是工艺美术的上品。大致说来，那些门和窗尽量工细而决不庸俗，即使简朴而别具匠心。四扇，八扇，十二扇，综合起来看，谁都要赞叹这是高度的图案美。摄影家挺喜欢这些门和窗，他们斟酌着光和影，摄成称心满意的照片。

苏州园林与北京的园林不同，极少使用彩绘。梁和柱子及门窗栏杆大多漆广漆，那是不刺眼的颜色。墙壁白色。有些室内墙壁下半截铺水磨方砖，淡灰色和白色对衬。屋瓦和檐漏一律淡灰色。这些颜色与草木的绿色配合，引起人们安静闲适的感觉。花开时节，更显得各种花明艳照眼。

二、在整个游览的过程中，你看到了哪些可以呼应上面文本的场景，请记在下面的表格里。

文本 （标记几段几行即可）	用文字描述你所看到的场景与文字呼应之处

续表

文本 （标记几段几行即可）	用文字描述你所看到的场景与文字呼应之处

活动二：吟诗作对

“园林，尤其是苏州园林，它们的美通常是象征性的，园林中会用造景的手法，以此增添园林的自然美；然而可以生情的艺术，方是人文美。”这是一位游学苏州的同学有感而发的。园林中有情，因其是城市中的山水；山水中有情，故衍生出众多传唱千古的诗作。身处这小小一方畅园之中，是否激发了你的诗情呢？

一、行前准备。查找并试着背诵一些描绘山水田园、自然风物的诗句。

二、在小小的畅园中也有无限的景致。三人一组，以15分钟为限，可以选取园中任意景物作为触发点，调动你的所有诗词储备与行前积累，依次吟诵与之有所关联的诗句，看谁能坚持到最后。游览结束后，整理一份“游园吟诗”作品集，并选取本次游览的任一角度，创作一副对联书写于文尾，以作纪念。

上联：______________________________

下联：______________________________

活动三：园林艺术探秘

文人造园借鉴文学、绘画的表现形式，将文人情趣尤其是自然观融入造园艺术中，赋予园林以深刻的内涵。

可以说，每一座园林都是一幅完美的图画。慢慢地，人们总结出很多文人造园的雅致手法，如亭台楼阁的不同排布，如假山的造型意趣，如植物等园中景物的不同含义……这些在造园中运用的小技巧，因为融入的创意，焕发出了艺术的美感。对此你又了解多少呢？在这座小小的园林中，你又发现了多少美呢？快用你手中的笔或相机记录下来吧！

一、行前准备。你知道多少有关园林的小知识呢？快调动我们已有的资源，搜集一下吧！

提示：

1. 你可以查查亭台楼阁等不同建筑物的区别。不同园林景物的含义有何不同？园林造景的手法都有哪些？……

2. 你可以从已有的资料如你的传统文化教材中查找，也可以从网上查找，还可以到中国园林博物馆中的中国古典园林厅与中国造园技艺厅查询。

二、在苏州畅园里，你都看到了哪些建造园林时的精湛技艺与奇巧心思，还有让人惊叹的文化内涵呢？请你自行发挥，可用文字、图画、摄影三种形式描绘出你所看到的景象，再说说这些景象中蕴含的技艺、巧思与文化。

你所看到的景象	蕴含于其中的技艺、巧思与文化

三、选一个你最喜欢的角度，绘制或拍摄下它的风姿，再用文字从造园技巧与文学、艺术美感等方面对其进行解说，让它成为苏州畅园的一张宣传海报吧！

（贴照片处）

解说词：

活动四：小小解说员

为了让更多的人到苏州畅园游览时不再走马观花、匆忙“打卡”，而是能初步了解一些相关的知识，请你做一个小小解说员，为一位慕名而来的游客介绍一下这座园林吧！

一、行前准备。背熟下面的解说词，生动活泼、轻快流畅地脱稿复述出下面的内容。当然，你也可以加入自己在前面三个活动中所积累的知识，对以下解说词做出补充。

现在展现在您面前的是中国园林博物馆仿建的室内展园——苏州畅园。说起苏州园林，它不仅有着悠久的历史，还以古、秀、精、雅等特点著称于世。与北方的皇家园林相比，苏州园林以小巧精致见长，在体现自然美的同时，还将诗情画意带入了园中。

现在您看到的是经园博馆仿建而成的畅园花园。这座花园的构景以水池为中心，在水池的周围修建着廊、亭、舫、屋等各式建筑。虽然这座园林的面积只有一亩大小，但呈现在我们眼中的景致却丰富自然，层次分明。在这座园林中，大小建筑都是利用曲折的游廊串联起来的。这种蜿蜒曲折的游廊设计在不知不觉中延长了我们游园观景的时间，令人产生了一种“园林虽小，但景观却赏之不尽”的感觉，这也是中国园林“小中见大”手法的一种绝妙运用。

正对面就是园子的主厅——留云山房。房以云为名，有着脱俗、散淡之意，表达了园主人想要归隐的心境。此外，在园中还修建有几处亭式建筑，现在我们看到的便是“延辉成趣”亭。这座亭子是一座六角亭，它的飞檐高高翘起，形成了一条条优美的曲线，体现了苏式建筑的轻盈之感。

二、小小解说员。为一位慕名而来的游客介绍苏州畅园，请你的客人为本次解说打分并做简要评价。

解说内容丰富，知识与趣味结合。（5分）	解说时落落大方，声音洪亮，口齿清晰。（5分）	解说过程中能应对一些听者随机提出的问题。（附加5分）	总分
评价与建议：			

注：参考答案见附录

本活动主要涉及学科：语文、生物、美术

本活动设计者：杨鑫蕊

浑然天成美自来

——自然地理环境与园林特色探究

班级________ 姓名__________ 活动日期__________

中国园林博物馆是中国第一座以园林为主题的国家级博物馆，在这里，你不仅能够了解中国园林的悠久历史，还能欣赏到四季常青、花香四溢的实景园林，在观赏珍贵的园林文物和精妙的园林造景时更能领略到灿烂的园林文化。园林创作的源泉是我国的典型景观。中国国土辽阔、地形多种多样、气候类型复杂，地理景观丰富多彩，所以在古代文人的宅院里，为了创造人与自然的和谐之美，凿池构山，创造出各种自然景致。

本次的园博馆实践活动，我们将从地理学的视角，运用已学的地理研究方法进行探究，从而揭开园林背后的秘密。

活动准备：作为地理人，参观博物馆离不开的工具首选__________，请你快快找到它。

活动要求：5～6人一组，每组从下列三个任务中选择其一进行挑战。

园博馆模型，位于门厅右侧

活动一：我的视角我做主

中国园林博物馆是中国第一座以园林为主题的国家级博物馆，位于北京市丰台区鹰山脚下，永定河畔。2010年开始筹建，2013年5月开馆运行。占地6.5万平方米，建筑面积49950平方米，由主体建筑、室内展园与室外展区三部分组成。中国园林博物馆以“理想家园，山水静明”为规划理念，延山引水形成了“藏风聚气”的山水环抱骨架。主馆由“屋顶”和“墙”两个基本元素构成：主轴线屋顶采用明亮的金色，体现北京皇家文化特征；灰瓦白墙则体现南方园林的建筑风格。建筑正面以白墙为纸、数石为画，勾勒出了一幅立体的山水画长卷。

——《中国园林博物馆导览手册》

上面一段简介中，画线部分勾勒出中国园林博物馆的大致布局，请你从地理角度做出分析，拍摄一张最能反映中国园林博物馆布局特点的照片，并说明你的理由。

图片展示区

我拍摄这张照片的理由如下：

____

____

____

____

____

____

活动二：南北园林各不同

1. 通过阅读《中国园林博物馆导览手册》，可了解到该馆的主馆由两个元素构成。根据以往学习的地理知识，我们知道这两个基本元素的特征与南北方自然环境密切相关，请你比较并填写下表。

元素	北方地区		南方地区	
	特征	与自然环境的关系	特征	与自然环境的关系

2. 请你结合上表，仔细观察下面三幅图片，在馆内找到它们，将园林名称填写在括号内。

A. （　　　　　　　　）

B. （　　　　　　　　）

C. （　　　　　　　　）

3. 分列于不同省份的园林呈现出很大的差异性，这主要是因为我国南北跨度大，气候因素的差异决定了南北方园林建筑和植物的差异。请任选A、B、C中的两个园林，从植物方面进行比较和简单说明。

____

____

____

活动三：中日园林各成趣

乐于探究的你一定也想了解我们的近邻——日本的园林文化吧？快快找到世界园林展厅。

日本园林中的沙海

日本园林中的洗手钵

你是不是有了以下发现：

1. 中国古典园林以其“师法自然”的自然观，“掇山理水”的手法等，取得了伟大成就。日本古典园林则整体简单质朴，对每个细节都精心打造，简洁又不失精致。日本园林最为典型的特点是，在没有池水溪流的地方仅立山石，以砂代水，以石代岛。

2. 中日两国的园林文化与自然地理环境息息相关。请搜集相关材料，分别从国土面积、自然资源的角度说明它们之间的关系。

导览图的确
是个好帮手！

学生们在研究
全景俯视图

本活动主要涉及学科：地理

本活动设计者：白灵、李东青、李娟

名园深处觅古今

——园林特点与历史时代特征关系探究

中国园林博物馆常设展厅——中国古代园林厅和近现代园林厅，展现了中国历史上园林发展的完整脉络，而园林作为我国历史的缩影和先人智慧的结晶，在不同历史阶段体现出不同的生活意趣，反映了当时的文化习俗。

活动准备：5~6人一组，照相机

活动要求：以组为单位完成任务单

请同学们认真参观中国古代园林厅，倾听讲解，完成任务单。

活动一：园林历史知多少

1. 古代园林厅是以__________ 、__________、__________、__________、__________为主线进行布展的。

2. 在古代园林厅，你了解了哪些园林？（3~5个）

3. 你印象最深的是哪个园林？它有什么特点？

活动二：历史脉络巧梳理

结合参观，梳理中国古典园林的发展阶段，补充下面的时间轴。请按照例子，在横线处填写园林的历史发展阶段，在括号中补充其所处时期的历史时代特征。

参考阅读书目：《中国古典园林史》（周维权　著）

夏、商、周时期

（早期国家的产生与社会变革）

出现了“囿”“圃”“台”等原始形态的园林，有的规模较大

秦汉时期

（　　　　　　　　）

三国两晋南北朝时期

（　　　　　　　　）

隋唐时期

（　　　　　　　　　　）

辽宋夏金元时期

（　　　　　　　　　　）

明清时期

（　　　　　　　　　　）

活动三：透视园林与时代的关联

1. 确定本组深入探究的园林为__________。该园林出现于哪个时期（朝代）？

2. 该园林的特点是什么？

3. 该园林属于中国古代园林发展过程中的哪个阶段？该园林所处的历史时期的时代特征是什么？

4. 小组成员一起讨论，探究该园林的某个或某些特点与历史时代特征之间的联系，结合上述内容，拟写一篇短文予以阐述。要求主题明确、论据充足、逻辑清晰。

活动四：编演迷你历史剧

依据本组的研究成果，编演一部迷你历史剧，故事情节可改编自历史事件，亦可进行合理虚构。通过历史情景剧再现该园林的特点与历史时代特征之间的联系。

注：教师版活动方案及效果测评表见附录

本活动主要涉及学科：历史

本活动设计者：师博雅

“我做园林小讲师”活动方案

活动背景：

“园林小讲师”是中国园林博物馆面向青少年的一个特色实践活动，有专业的培训人员及较为成熟的组织形式，学校可组织感兴趣的同学参与该活动。在学习和实践的过程中，同学们发现根据参观时长，现有讲解词尚有很多可以拓展的空间。以中国古代园林厅为例，讲词更突出历史发展脉络，在这个偌大的展厅里，同学们还有很多感兴趣的展品，值得继续研究。于是，园博馆讲解词的设计与展示活动应运而生，同学们可根据前期对园博馆的了解，选择自己感兴趣的展品、区域进行深入研究，以撰写、展示讲解词作为研究成果，服务更多的观众。

活动目标：

1. 通过园博馆专业讲解员的培训，了解博物馆讲解的基本要求，熟悉园博馆的基本展陈。

2. 通过现场模拟或实地讲解，提升自己的语言表达能力；

3. 选择自己感兴趣的方面进行研究，深入了解所选专题的园林相关历史、文化知识；

4. 通过收集、整理材料，形成讲解词并予以展示，锻炼自己的语言组织与表达能力及综合运用能力；

5. 通过小组分工合作研究，制订研究计划，培养协作意识及规划能力；

6. 通过对中国园林历史及文化的了解，培养热爱中国传统文化的情感、弘扬传统文化的意识，提高人文素养；

7. 通过讲解志愿服务，提高参与社会、服务社会的意识。

活动任务：

1. 熟悉园博馆基本展陈，初步了解园林相关内容；

2. 研究专题展馆内容，撰写讲解词，并进行讲解活动。

活动方式：

参观园博馆、查找资料、请教专家、展示讲解、访谈

注：教师版活动方案见附录

园博馆讲解员为学生做培训

考核上岗，为学弟学妹做志愿讲解

本活动主要涉及学科：语文、历史

本活动设计者：高玲

“仿建植物生态墙”活动方案

活动背景：

上图为中国园林博物馆植物生态墙。这组生态墙总面积达252.8平方米，是我国室内面积较大的生态墙。驻足墙下，会感到极大的视觉冲击。生态墙不仅给人以美的享受，还包含了绿色科技的理念，植物生长在一种特殊的海绵——“保浮科乐”基质里。保浮科乐的原材料实际上是在酿制啤酒过程中产生的副产品，不仅绿色无污染，具有极高的锁水性，还能和植物的根部紧密贴合，防治虫害。

在生态墙下方的墙体内有个巨大的水箱，水箱中的水泵会定时定量地将水向上导引，然后一层一层地浇灌下来。保浮科乐吸收流过来的水，然后提供给植物，多余的水则通过过滤系统流回水箱重复利用。通过如此智能化的灌溉系统，生态墙上的植物一年四季都绿意盎然。

园博馆生态墙下专门有一个小模型供观众了解其中的奥秘。感兴趣的同学可以组成小组，从研究其中的物理原理开始，再利用这些原理搭建小型的生态墙，培养动手能力，为学校增添一抹绿意。

活动目标：

1. 通过参观挖掘生态墙中蕴含的物理知识，了解相关知识在生活中的运用；

2. 通过小组分工合作研究，制订方案计划，培养协作意识及规划能力；

3. 通过自行采买材料，锻炼预算及基本生活能力；

4. 通过搭建小型生态墙，提升学生对物理学科的学习兴趣，培养其对科学的热爱。

活动方式：

参观园博馆、查找资料、请教老师、实验、制作模拟生态墙

注：教师版活动方案及效果测评表见附录

北京景山学校远洋分校植物生态墙搭建小组作品

活动小组预算表

<table>
<tr><th>物品</th><th>数量</th><th>单价（元）</th><th>运费（元）</th><th>总价（元）</th><th>剩余（元）</th><th>富余总价（元）</th><th>总计总价（元）</th></tr>
<tr><td>120cm主支架</td><td>4</td><td>20.00</td><td>0.00</td><td>80.00</td><td>0</td><td>0.00</td><td>80.00</td></tr>
<tr><td>30cm×100cm网格架</td><td>8</td><td>45.00</td><td>0.00</td><td>360.00</td><td>0</td><td>0.00</td><td>360.00</td></tr>
<tr><td>水箱22L</td><td>2</td><td>62.00</td><td>0.00</td><td>124.00</td><td>0</td><td>0.00</td><td>124.00</td></tr>
<tr><td>玻璃胶</td><td>4</td><td>49.80</td><td>0.00</td><td>199.20</td><td>0</td><td>0.00</td><td>199.20</td></tr>
<tr><td>切割刀</td><td>4</td><td>20.00</td><td>10.00</td><td>90.00</td><td>0</td><td>0.00</td><td>90.00</td></tr>
<tr><td>水泵</td><td>1</td><td>48.00</td><td>0.00</td><td>48.00</td><td>1</td><td>48.00</td><td>96.00</td></tr>
<tr><td>隔板
30cm×120cm×0.5cm</td><td>2</td><td colspan="3" rowspan="5">660.00</td><td>0</td><td>0.00</td><td rowspan="5">660.00</td></tr>
<tr><td>20cm×80cm×0.5cm</td><td>8</td><td>0</td><td>0.00</td></tr>
<tr><td>30cm×100cm×0.5cm</td><td>2</td><td>0</td><td>0.00</td></tr>
<tr><td>100cm×120cm×0.5cm</td><td>2</td><td>0</td><td>0.00</td></tr>
<tr><td>50cm×120cm×0.5cm</td><td>1</td><td>0</td><td>0.00</td></tr>
<tr><td>定时开关</td><td>1</td><td>48.20</td><td>0.00</td><td>48.20</td><td>0</td><td>0.00</td><td>48.20</td></tr>
<tr><td>植物</td><td>54</td><td>40.00</td><td>0.00</td><td>2160.00</td><td>16.00</td><td>640.00</td><td>2800.00</td></tr>
<tr><td>合计</td><td colspan="7">4457.40</td></tr>
</table>

本活动主要涉及学科：物理

本活动设计者：乔英磊、高玲

“秘密花园种植体验”活动方案

活动背景：

四月正值春花烂漫的季节，中国园林博物馆的“秘密花园”经过一个严冬的休养也已整装待发，准备投入春天的怀抱。

“秘密花园”系列造园活动邀请青少年观众朋友走进园林，体验设计、营建园林的过程，感受园林文化。基于初中学生已经开始学习生物，对植物的形态特征、种植等有一定的理论认识，在与馆方沟通基础上，学校教师可在学生体验园博馆“秘密花园”种植活动前后，做适当延展设计，让学生做到理论与实践相结合、用实践丰富理论。

活动目标：

1. 通过小组收集、整理材料，形成PPT并予以展示，锻炼信息收集能力、语言表达能力；

2. 通过“识别植物”小组赛活动，提高转换信息的能力、反思能力；

3. 通过设计植物种植方案并移栽植物，培养协作意识及规划能力；

4. 通过对园林中攀缘植物特征的了解，培养热爱自然的情感、保护环境的意识，提高自然文化素养；

5. 通过“秘密花园种植体验”活动，提高参与社会、服务社会的意识。

活动方式：

查找资料、展示讲解、辨识植物比赛、专业人员讲解、移栽植物。

注：教师版活动方案及效果测评表见附录

植物辨识大比拼

秘密花园里移栽植物

本活动主要涉及学科：生物

本活动设计者：温莎莎、赵阿妮

附：秘密花园种植活动学生任务单

园博馆秘密花园种植活动

姓名：__________________

1. 你所查询的植物：__________________

2. 在这次辨识植物活动中，我所介绍的植物被（　　　　）个小组识别出。活动前，你是怎样介绍该植物的？反思这次活动，如果再给你一次机会，你觉得怎样介绍能让小伙伴们更准确地辨认出它？

3. 通过前期查阅资料，你了解到移栽的注意事项有哪些？通过移栽幼苗实践活动，你又有哪些新的收获？

前期查阅	新的收获
________	
________	
________	
________	

4. 通过这次活动你有什么收获或感受？

____

____

____

“感受园林艺术、玩转园林版画”活动方案

活动背景：

美术教材中涉及不少关于版画的内容，如《吹塑纸版画》《黑白装饰画》《有趣的纸版画》《实物版画》等，高中美术教材更是包含“版画”模块。版画作品选取园林题材，尤其能够呈现出古朴的意境。

通过版画制作活动，让学生掌握版画制作的技法和方法。制作版画有益于提高学生的动脑、动手能力，可以极大地考验学生的耐心与细心。每一幅版画作品均为小组合作的成果，有助于加深同学之间团结友爱的感情，让他们获得满满的成就感。

活动目标：

1. 通过运用信息技术查阅、收集和整理园林的相关资料，制作成PPT予以展示，锻炼学生收集信息和语言表达的能力；

2. 通过小组合作及教师指导，共同创作版画，提高学生动手能力；在创作过程中增强学生对物象的概括、夸张和装饰能力；陶冶学生的艺术情操，让其体会其中的乐趣。

活动方式：

1. 查找资料，展示讲解；

2. 参观中国园林博物馆，完成学习任务单，绘制草图；

3. 根据园林草图、激光打印底稿的图案，自由结成小组，并在教师指导下合作

完成园林版画。

注：教师版活动方案及效果测评表见附录

学生创作实践——滚油墨

瓦当（橡皮章）

瓦当（印制效果）

园内写生假山橡皮章及印制效果

《苏州畅园》园林版画（红色纸张印制效果）

《苏州畅园》园林版画（白色纸张印制效果）

附：黑白装饰画——玩转园林版画活动学生任务单

“黑白装饰画——玩转园林版画”活动学生任务单

班级__________ 姓名__________

让我们走进中国园林博物馆，感受园林艺术，查阅相关资料并完成下面的问题。

1.

上图中物品的名称是________，俗称瓦头，是中国古代建筑上屋檐最前端的一片瓦，也叫________。

2. 你能列举出至少三种中国古典园林的造景手法吗？

____

____

____

3. 相信园林艺术的魅力已经深深吸引了你，请选择一处你感兴趣的角落，尝试画一画吧！

（注：任务单参考答案见附录）

本活动主要涉及学科：美术

本活动设计者：姜亚芳

“品造园技艺　建园林模型”活动方案

活动背景

模型制作有益于提高学生的动手能力，让学生将之前所学的园林知识运用到实践中。通过园林建筑模型制作活动，掌握模型制作的技法和方法。在模型制作过程中，开发智力，陶冶情操，有利于养成学生观察和思考的习惯；有助于培养学生的耐心与细心，让他们学会主动去发现、欣赏、创造美；能够增强同学之间相互合作的团结精神，促进学生身心健康发展。

活动目标

1. 通过园林中“亭”的模型制作，培养学生的动手实践能力，提升学生的逻辑思维水平，锻炼学生的设计意识和空间观念。

2. 通过师生合作，共同制作园林沙盘，使亭分布于沙盘之中，使创作构思获得一种具体形象化的表现。它比图纸更具有空间感，加上环境中所匹配的各种材料，增强作品的整体环境氛围。

活动方式

1. 结合任务单，自行研读学习资料；

2. 在教师的指导下合作完成建筑模型及沙盘制作。

活动过程及操作步骤：

1. 根据参考书目自行阅读，填写学习任务单——初识“亭”。

初识“亭”学习任务单

班级__________ 姓名__________ 日期__________

请你根据老师提供的书单自行阅读，按示例完成如下表格。

模型图	亭名称	按角（平面）分类	按形体（立面）分类	顶部结构	该亭特点、寓意	在沙盘中的位置
	濠濮亭	四角方亭	方亭	歇山顶	濠，即濠上；濮，水名。古人观鱼之地。	近池边可观鱼
	绣绮亭					
	荷风四面亭					
	绿漪亭					

注：参考答案见附录

2. 园林建筑模型及沙盘制作

具体实施侧重点：根据学生兴趣爱好，自主选择相应亭的主题进行实践操作，设计时需有前课铺垫，实践中欣赏研究、动手操作相结合。成果为研究报告或实践作品。

注：教师版活动方案见附录

学生分组制作亭模型

合作完成沙盘制作

学生作品

本活动主要涉及学科：美术

本活动设计者：张京婧、任超

“观花手册”项目活动方案

活动背景

园林博物馆因其得天独厚的地理环境而拥有四季皆宜的风景。在园林博物馆的庭院里，各式各样的植物四季争艳，这些植物也为学生提供了学习的机会。在不同的时节观赏，不仅可以了解不同季节的植物知识，也可以感受时节变化，亲近自然，获得美的体验。

本活动着眼于春季开花植物，是为一例。当然，也可因时制宜，在不同的时节赴园博馆观赏，还可依照此活动说明展开教学设计。为了将成果固化，布置学生设计“观花手册”，在掌握植物知识的同时训练学生的语言运用能力。

活动目标

能够掌握查找资料、引用资料的基本方法；能在写作时考虑不同的目的和对象，根据表达的需要，围绕表达中心，选择恰当的表达方式，条理清楚地表达自己的意思；能选择、运用合适的设计风格及版式；能够了解园博馆春季开花植物的基本信息。

活动任务

以小组为单位，完成一份针对某类受众的《园博馆观花手册》。

注：教师版活动方案及效果测评表见附录

春季赏花指南
之
中国园林博物馆
① 组
安全须知
1. 馆内禁止吸烟
2. 禁止带宠物
4. 要安静
5. 小心动物
6. 禁止破坏植物
7. 禁止破坏文物
8. 禁止破坏环境
9. 禁止在馆内拍照
花的分布图
地图
花的形态结构
柱头
花瓣
子房
花萼
胚珠
花语
牡丹：圆满、富贵、吉祥、雍容华贵、国色天香
桃花：爱情的俘虏
海棠：呵护、珍爱
图片展示

学生成果图（节选）

附1：《园林博物馆春季观花手册》学生用设计计划书

小组成员：________________________________

一、任务进程及成品要求说明

时间	任务
	完成语文、生物铺垫课
	现场实地考察
	课上小组合作完成成品

成品：一份《园林博物馆春季观花手册》。手册形式自由设计，但其中应至少包含10种花的欣赏指导信息。

二、我们小组抽中的受众是________________

三、根据我们的受众，我们的观花手册预计包含以下版块与内容：

四、我们的《赏花手册》预计选择这样的形式：（小册子，A4纸，折页）

____

____

____

____

五、现场考察时，我们的分工如下：

组员	负责内容

六、班级制作时，我们的分工如下：

组员	课前需准备的材料	课上需要完成

附2：实地参观考察任务单

园博馆春季赏花——花的形态结构专题调查							
班级			姓名				
名称							
植物类型（草本/灌木/乔木）							
花冠类型							
花瓣颜色							
花托（有/无）							
花柄（有/无/长/短）							
雌蕊类型/数目							
雄蕊类型							
花序类型							
其他发现							

画出你喜欢的一种花的形态结构图：

本活动主要涉及学科：生物

本活动设计者：梁辰、方子祺、伍凯

后　记 POSTSCRIPT

本书是中国园林博物馆与北京景山学校远洋分校合作的成果，每一个实践活动的实施都有赖于园博馆宣传教育部门的大力支持与配合。在此特别感谢园博馆宣教部王歆音部长从始至终的关心与支持，感谢吴狄先生、葛艺琳女士等一批园博馆宣传教育工作人员的辛苦付出，他们是有朝气、有想法且那么热爱博物馆教育事业的年轻人。

在本书实践与编写过程中，北京景山学校教科所不遗余力地指导我们，袁立新所长从内容的甄选到体例的编排都给了我们莫大的指导与帮助，北京景山学校远洋分校吕丽校长、齐浛副校长更是多次深入实践现场，指导活动开展。可以说，本书也是北京教育城乡一体化建设的成果。在活动的设计与实施过程中，我们得到了北京师范大学王本陆教授、从立新教授，北京教育科学研究院杨德军主任、朱传世研究员、张婧研究员的倾力指导。在此一并表示感谢！

参　考　资　料

何墨荣. 义务教育教科书美术教学参考用书（八年级下册）[M]. 北京：人民美术出版社，2014.

任焕斌. 黑白装饰画 [M]. 北京：人民美术出版社，2012.

徐德嘉. 园林植物景观配置 [M]. 北京：中国建筑工业出版社，2010.

宫灵娟，许超. 中国古建筑之旅：苏州古典园林 [M]. 南京：江苏科学技术出版社，2014.

郃杰、徐雁飞、陆韡. 旧式迷宫——苏州传统园林空间设计研究录 [M]. 北京：中国建筑工业出版社，2015.

周维权. 中国古典园林史（第三版）[M]. 北京：清华大学出版社，2008.